Margaret Klare

In Wolle wickelt sich das Schaf

Lauter Gedichte

mit Bildern von
Claudia Schmid

Peter Hammer Verlag

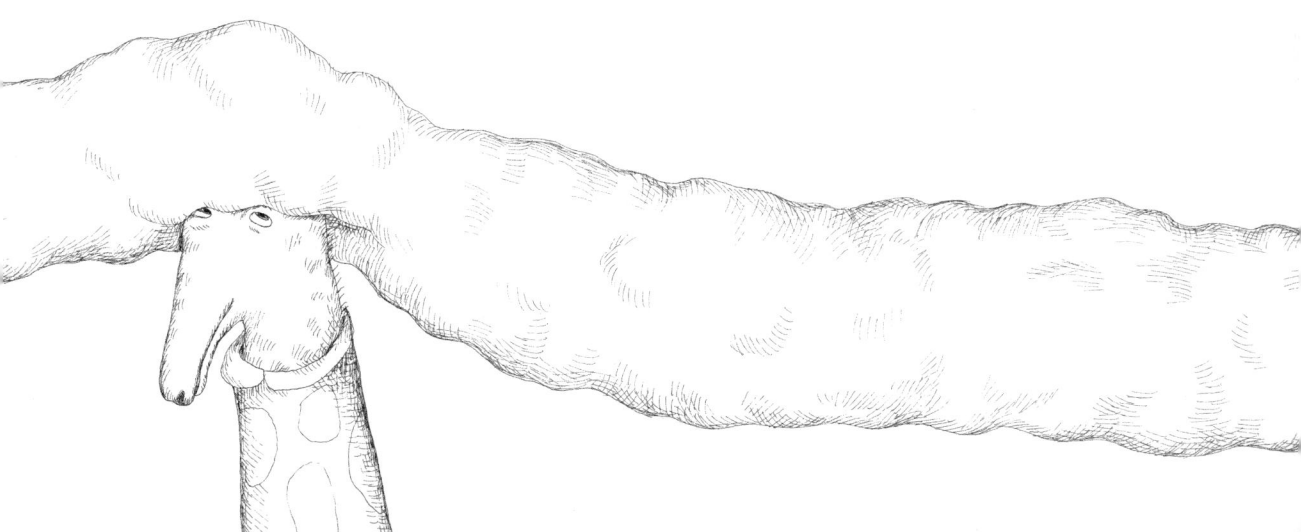

Inhalt

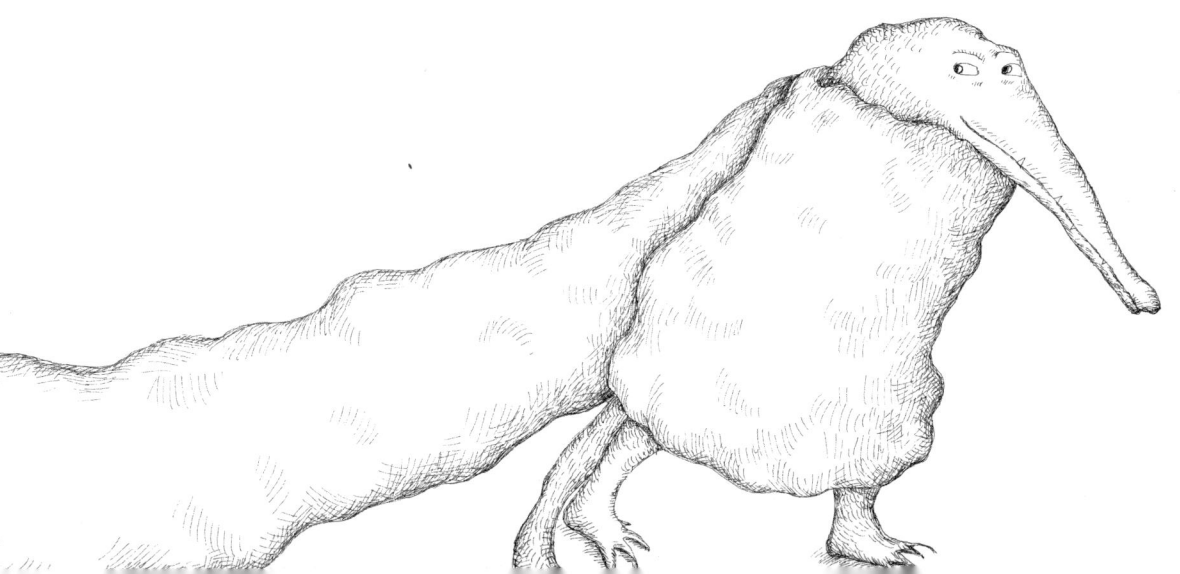

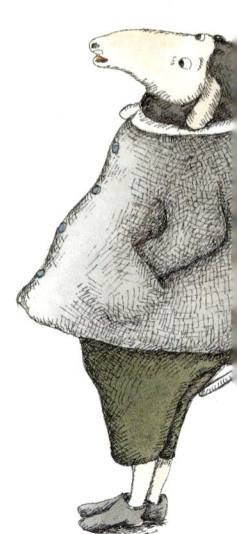

Mopsfidel

An einem Sonntagmorgen früh
da saß ein Mops auf einem Stein.
Der mopste sich so wie noch nie
und wollte nicht alleine sein.

Da kam ein schwarzes Schaf vorbei
und fragte ihn, was mit ihm sei.
Ein schwarzes Schaf! Das fehlte noch!
Der Mops verkroch sich in ein Loch.

Da kam ein blindes Huhn daher,
das wackelte, die Kreuz, die Quer.
Ein blindes Huhn! Soll bloß verschwinden!
Das kann ja nicht mal Körner finden!

Da kam ein Riesen-Krokodil
direkt vom Nil.
Das weinte dicke Tränen.
Der Mops fing an zu gähnen.
Am besten gehst du gleich zurück,
denn Tränen bringen mir kein Glück!

Da kam ein Schwein herangetrabt,
das hatte grade Schwein gehabt.
Es war dem Bauern von der Hand
mitsamt der Leine weggerannt.
He!, rief der Mops, bleib doch mal stehen,
wir könnten ja zusammen gehen.
Das Schwein, das hörte nicht mal hin,
es hatte nur die Flucht im Sinn.

Da kam ein bunter Hund daher,
und der gefiel dem Mops so sehr,
dass er vor lauter Freude bellte
und sich sogleich zu ihm gesellte.
Du kommst mir recht!, rief er ihm zu
und wurde mopsfidel im Nu.

Katz und Maus

Es träumte
eine kleine Maus
einmal am hellen Tag,
dass neben ihr im Mäusehaus
die böse Katze lag.
Doch war die Katz
in ihrem Traum
ein Kätzlein, klein und brav.
Die Maus, die konnt' es glauben kaum
und lachte laut im Schlaf.
Sie nahm das Kätzchen
auf den Schoß,
es hat sich nicht gewehrt.
Die Maus erwacht,
der Schreck ist groß
und alles umgekehrt.

Spinnen

Bei seinem Netz im Baum,
so fein, man sieht es kaum,
sitzt still ein Spinnerich
und staunt und wundert sich:
Da wickelt sich ein Räuplein klein
in seinen eignen Faden ein.

Was machst du? fragt der Spinnerich.

Du siehst doch: Ich verpuppe mich.

Du spinnst dich selber ein?
Das kann doch wohl nicht sein!
Ich warte auf die andern,
dass sie ins Netz mir wandern.
Und wenn sie lang genug gesessen,
dann werden sie bald aufgefressen.

Ach, sagt die Raupe froh,
bei mir ist das nicht so.
Ich brauche meine Seide
zu einem neuen Kleide.

Du hast sie wohl nicht alle!
Gehst in die eigne Falle!

Oh nein, ich bleibe darin kleben
und warte auf ein neues Leben.

Was soll das heißen, dummes Ding?

Es heißt: Ich werd' ein Schmetterling!

Die Spinne fällt vor lauter Schreck
vom Baum, und auch ihr Netz ist weg.
Am seidnen Faden hängt ihr Leben.
Die Raupe denkt: So ist das eben!

Glück

Was denkt die Kröte,
die mit dem Schild,
wenn Morgenröte
am Himmel quillt?
Sie hat es schon tausend Mal gesehen
und bleibt doch jedesmal staunend stehen.
Dann zieht sie sich in den Panzer zurück
und denkt bei sich: So ist das Glück.

Erinnerung

Was macht der Elefant,
wenn der Manegensand
sein rechtes Nasenloch verstopft
und ihm das linke Auge tropft?
Er denkt an Afrika,
wo es vor langer Zeit geschah,
dass er den Weg nicht fand
und ihm der Steppensand
sein linkes Nasenloch verstopfte
und ihm das rechte Auge tropfte.

Ansicht

Was denkt wohl die Giraffe,
wenn ein Affe
den anderen laust?
Ob es ihr graust?
Ob sie versteht,
worum es geht?
Vielleicht hebt sie
noch höher den Hals.
Von oben herab
schaut sie jedenfalls.

Pinguine

Ein Pinguin, schwarz-weiß,
steht frierend auf dem Eis.
Um ihn sind lauter Pinguine
mit derselben Wintermiene,
rundherum im Kreis,
frierend schwarz und weiß.
Will einer mal was andres seh'n,
muss er den Kopf nach oben dreh'n.
Da sehen sie die Wolken treiben
und müssen auf der Stelle bleiben.
Denn ihre Füße sind nicht frei:
Jeder trägt darauf ein Ei,
unterm Bauch versteckt,
warm und weich bedeckt.
Alle Männer-Pinguine
mit der feierlichen Miene
müssen ihre Eier hüten,
steh'n geduldig da und brüten
schon seit Wochen ohne Pause.

Ihre Frauen sind nicht zuhause,
machen Urlaub, weit im Meer,
kommen dann erst wieder her,
wenn die Kleinen, schwach und blind,
aus dem Ei gekrochen sind.
Nun wollen sie die Küken füttern.
Ja, so ist das bei den Müttern.
Und die Väter Pinguin
sieht man schleunigst meerwärts zieh'n.
Frau und Kind sind schnell vergessen.
Jetzt woll'n sie erst einmal fressen.
Denn sie sind entsetzlich schlapp.
Darum hau'n sie alle ab,
bilden eine lange Kette,
rutschen bäuchlings um die Wette,
wie die Schlitten über's Eis,
schwarz und weiß.
Ja, so sieht man mit Vergnügen,
dass auch Väter Kinder kriegen.

Unglückswurm

Das Unglück will den Raben
in seinen Fängen haben,
zum Unglücksraben machen
und ihn danach verlachen.
Der Rabe wehrt sich mit Geschrei.
Das Unglück gibt ihn schließlich frei
und krallt sich mit Geschick
an einen Wurm, der ziemlich dick.
Der Rabe frisst nicht lang darauf
den Wurm mitsamt dem Unglück auf.

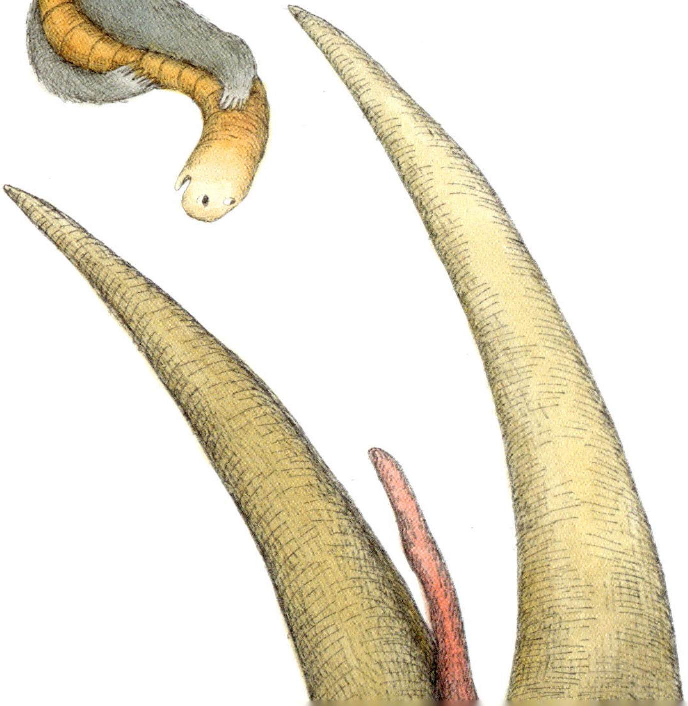

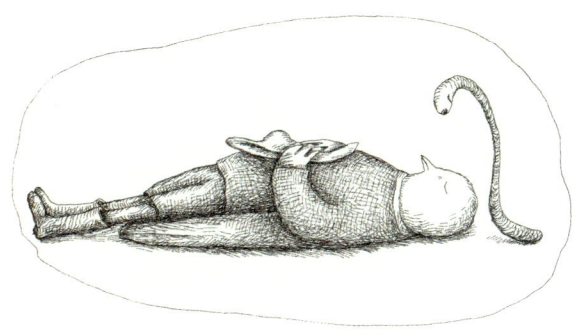

Friss oder stirb

Ein Spatz hat einen Wurm erblickt
und aufgepickt.
Das Würmchen bettelt jämmerlich:
Ach, Vogel, warum frisst du mich?
Warum? Das weiß doch jedes Tier!
Bist du am Ende nicht von hier?
Friss oder stirb!, heißt das Gebot.
Fress ich dich nicht, so bin ich tot.
Was tätest du, wärst du jetzt ich?
Ach, sagt der Wurm,
ich fräße dich.

Alles für die Katz

Vor ihrem Loch im Hinterhaus
tanzt eine kleine graue Maus.
Nicht weit von ihrem Platz
sitzt lauernd eine Katz.
Das Mäuschen pfeift und spielt,
die Katze duckt und schielt,
macht plötzlich einen Satz
und schlägt mit ihrer Tatz'
die kleine graue Maus.
Jetzt ist das Spielchen aus.

Hoch oben über beiden
da zwitschert in den Weiden
ein kleiner grauer Spatz:
Ist alles für die Katz.

Zuhaus

Zur Schnecke spricht der Schmetterling:
Was trägst du für ein hartes Ding
auf deinem Rücken mit dir rum,
verdreht und krumm!

Das harte Ding, das ist mein Haus,
ich kam nur grade mal heraus.

Das ist dein Haus? Ein bisschen klein!
Passt du da wirklich ganz hinein?

Die Schnecke ist in drei Sekunden
in ihrem Schneckenhaus verschwunden.

Komm wieder raus! Ich will was fragen.
Ist es nicht schwer, sein Haus zu tragen?

Jetzt machst du aber wirklich Spaß!
Es ist noch leichter als das Gras.
Ich nehm' es überall mit hin.
Mein Haus ist immer, wo ich bin.

Lädst du dir auch mal Gäste ein?

Für Gäste ist es etwas klein.

Und gehst du niemals selber aus?

Doch, immerzu, mit meinem Haus.
Jetzt sag mir mal, wie's bei dir ist,
wo du zuhause bist.

Der Falter klappt die Flügel auf
und fliegt hinauf.
Die Schnecke zieht mit ihrem Haus
geradeaus.

Und jeder denkt für sich:
Nein, das wär' nichts für mich!

Stinktier

Ein Stinktier läuft im Kreis herum.
Wie dumm!
Schon seit einer Viertelstunde
dreht es um sich selbst die Runde.
Ach, es fühlt sich gar nicht wohl,
ihm brummt der Kopf, der Bauch ist hohl,
und es denkt: Was ist denn bloß
heute Morgen mit mir los?

Irgendwas liegt in der Luft!
Das ist gar kein guter Duft!
Nein, ein schrecklicher Gestank
macht mich krank!
Es rümpft die Schnüffelnase.
Da sagt der schlaue Hase:
Geh einfach geradeaus,
dann bist du da heraus.
Ein Stinktier, das musst du verstehn,
soll nie sich um sich selber drehn.
Denn auch der eigene Gestank
macht krank.

Meerbär

Sag, blauer Bär,
wo kommst du her?
Wie ist es dort
und ringsumher?

Der weiße Bär,
der kommt daher,
wo alles Eis ist
ringsumher.

Der braune Bär,
der kommt daher,
wo alles Wald ist
ringsumher.

Sag, blauer Bär,
wo kommst du her?
Ich glaube: aus dem
blauen Meer.

Träumen

Wo die Nacht wohnt
und der Mond wacht
sind Sterne zuhaus
schicken Boten aus
auf die Erde
wo Kinder träumen
von blauen Bäumen
vom Mond, der lacht
in der goldenen Nacht
und von fernen
tanzenden Sternen.

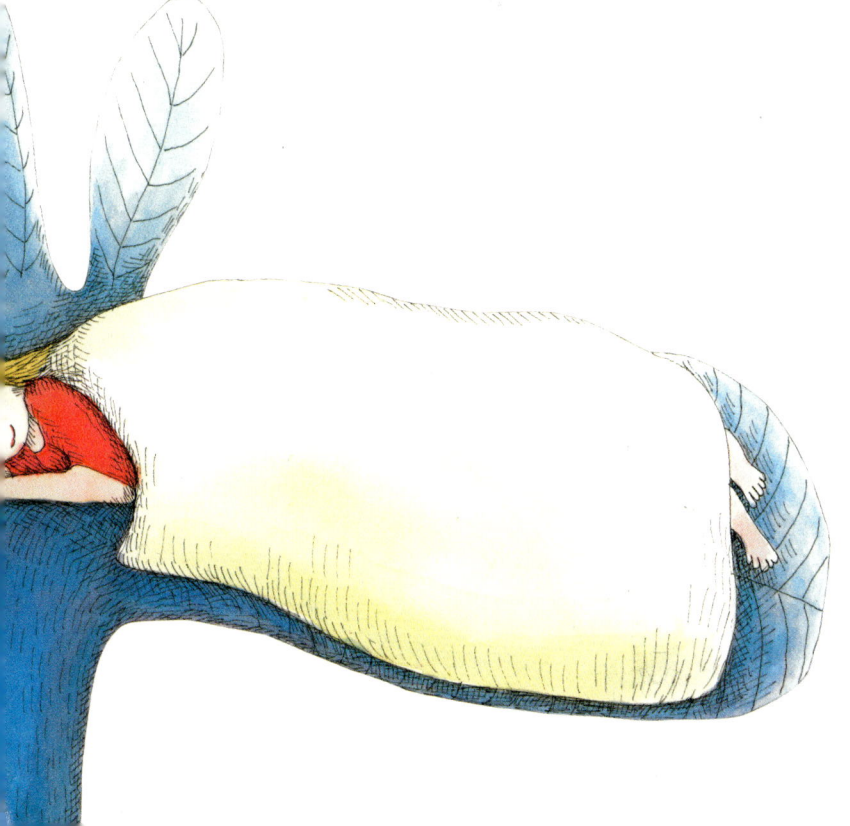

Kleine Meise

Eine kleine Meise
singt leise
zizidä-zizida.
Da nähert sich ein A.
Was willst du?, fragt die Meise.
Ach, sagt das A
und kommt ganz nah,
ich bin auf einer großen Reise
um die ganze Welt.
Komm mit, wenn's dir gefällt.
Da schreit die Schleiereule:
Nur keine Eile!
Gehst du mit ihm, ist's aus mit dir,
dann bist du bald ein andres Tier.
Ein andres Tier? Wie soll das gehen?
Ich kann dich wirklich nicht verstehen.
Da kommt das A
ganz nah
und lacht:

Die Eule sieht doch nur bei Nacht,
sie spricht im Traum,
da auf dem Baum.
Häng dich an mich
ich führe dich.
Da singt die kleine Meise
zum letzten Mal ganz leise
zizidä-zizida
und weiß nicht, wie's geschah:
In einem großen Haufen
muss sie mit tausend Tieren laufen
ist winzig klein
und nie allein
singt nie mehr zizida
die Meise mit dem A.

Lauter Liebe

Es gurrt der Täuberich zur Taube:
Komm mit in meine Liebeslaube.
Zur Schwänin zischt der Schwan:
Zieh mit mir meine Bahn.
Die Löwin schnurrt zum Leu:
Bleibst du mir ewig treu?
Zur Spätzin tschilpt der Spatz:
Du bist mein einziger Schatz.
Der Eber grunzt zur Sau:
Werd endlich meine Frau.
Es brüllt der Stier zur Kuh:
Ich lieb dich immerzu.
Der Ganter faucht zur Gans:
Komm mit zum Hochzeitstanz.
Zur Hündin kläfft der Rüde:
Bei dir werd' ich nie müde.
Die Ratte pfeift zum Ratterich:
Wann wirst du denn mein Gatterich?
Es bellt der Fuchs zur Fähe:
Ich liebe deine Nähe.

Die Räbin krächzt zum Raben:
Kannst alles von mir haben.
Zur Mücke summt der Mückerich:
Ich glaub, ich bin verliebt in dich.
Es kräht der Hahn zur Henne:
Wie gut, dass ich dich kenne.
Die Walin singt zum Wal:
Wann wirst du mein Gemahl?
So sagen alle: du und ich.
Und jeder meint:
ich liebe dich.

Ein Fest am Nil

Krokodu und Kakadil
feiern heut' ein Fest am Nil.
Stachelschlange, Klapperschwein
finden sich schon morgens ein.
Flederkrähe, Nebelmaus
hält es auch nicht mehr zu Haus.
Haubenschläfer, jung und fit
bringt den Siebentaucher mit.
Selbst die Eule ‚Schleier'
eilt vergnügt zur Feier.
Hase ‚Schnee' und Kehlchen ‚Rot'
kommen beide mit dem Boot.
Auch die Ente ‚Mandarin'
sieht man auf dem Wasser ziehn.
Murmelhahn und Auertier
landen pünktlich: fünf vor vier.
Nur der Schläfer ‚Sieben'
ist zu Haus geblieben.
Kakadil und Krokodu
winken allen Gästen zu.
Wassereule, Schleierratte
liegen in der Hängematte.

Elebär und Pandafant
sitzen fröhlich Hand in Hand.
Affen gaffen
Kröten tröten
Nattern schnattern
Hummeln brummeln
Wanzen tanzen
Finken trinken
Meisen speisen
Katzen schmatzen
und der Vielfraß frisst zuviel
liegt am Abend tot im Nil.

Büchernarren

Es treffen sich bei einem Bücherturm
die Leseratte und der Bücherwurm.
Die Ratte pfeift: Was tust du hier?
Das ist seit langem mein Revier!
Zieh schleunigst ab, sonst seh ich rot!
Und du bist nachher mausetot.

Drauf meint der Wurm nach einer Pause:
Die Bücher hier sind mein Zuhause.
Ich wohn' hier schon, solang ich bin.
Wo sollte ich auch sonst wohl hin?
Sag, warum willst du mich vertreiben?
Wir könnten doch zusammen bleiben.

Da zischt die Ratte: Du und ich?
Nein, das wär' ja fürchterlich.
Ich kann dich nun einmal nicht riechen.
Du solltest dich ganz schnell verkriechen!

Los! Such dir einen andren Platz!
Und mit einem Riesensatz
springt sie hoch am Bücherturm,
grad' in Richtung auf den Wurm.

Doch der ist in zwei Sekunden
in einem Bilderbuch verschwunden,
landet dort auf Seite hundert
und ist plötzlich sehr verwundert:
Da sitzt, gemalt auf einer Matte,
eine fette - Leseratte.

Schabernack

Der Schnick, der Schnack
der Schabernack
die gingen einmal Huckepack.
Ganz unten Schnick
darüber Schnack
und obenauf der Schabernack.
So stiegen sie im Zick und Zack
auf einen Berg mit Namen Wack.
Da trafen sie den Dackel Dack,
das Hähnchen Gick, das Hühnchen Gack,
den Specht Tack-Tack,
das Fröschlein Quack.
Die zankten sich hick-hack-hick-hack.
Das sah der Schnick, das sah der Schnack,
das sah zuletzt auch Schabernack.
Der steckte sie in einen Sack
und trug sie allesamt im Pack
den Berg hinunter zick und zack.
Da macht es plötzlich ricke-rack
und in den Nähten reißt der Sack.

Es fällt heraus der Specht Tack-Tack,
das Hähnchen Gick, das Hühnchen Gack,
der Dackel Dack,
das Fröschlein Quack
und ganz am Schluss mit einem Klack
ein riesengroßer Kakerlak.
Der frisst zuerst das Fröschlein Quack,
den Specht Tack-Tack,
das Hähnchen Gick, das Hühnchen Gack,
den Dackel Dack
und dann den Schnick
und auch den Schnack
und hinterher den Schabernack.
Sein Bauch ist wie ein dicker Sack.
Auf einmal hört man krick und krack
und es zerplatzt der Kakerlak.
Da kriechen alle wieder raus
und so ist die Geschichte
aus.

Der springende Punkt

Ein Punkt begab sich einmal fort
von seinem angestammten Ort.
Er sprang sich wund
und - sprang sich tot.
Ein wunder Punkt!
Ein toter Punkt!,
rief ein kleiner Spatz.
Warum nur blieb er nicht
an seinem alten Platz?
Hinter einem Satz!

Wörtertauschen

Schenk mir deine Wörter
ich gebe dir meine dafür:
Glück für bonheur
und Blume für fleur
misère für die Not
le pain für das Brot
le rêve für den Traum
und arbre für Baum
die Mutter für mère
den Vater für père
mein gut für dein bon
mein nein für dein non
dein oui für mein ja
dein près für mein nah
und ich für moi
und du für toi
lass uns die Wörter
tauschen, bis einer
den anderen kennt
und kein Wort uns
mehr trennt.

Mausewind

Rauscht der Brausewind
um die Bäume
pfeift der Zausewind
durch die Zweige
bläst der Sausewind
in die Blätter
läuft das Mausekind
in das Haus geschwind
lässt den Lausewind
draußen stehn.

Sich

Die Sonne sonnt sich Tag für Tag
die Uhr dreht sich im Stundenschlag
der Hahn kräht sich aus seinem Traum
die Blüten schütteln sich vom Baum
es mausert sich die Maus
die Träne weint sich aus
der Regen tropft sich nass
es hasst sich selbst der Hass
die Schlange schlängelt sich im Staub
die Taube stellt sich stumm und taub
das Wasser mehrt sich bis zum Meer
die Quelle läuft sich hinterher
das Feuer gibt sich Zunder
es wundert sich das Wunder
der Falter taumelt sich in Schlaf
in Wolle wickelt sich das Schaf
ein Stern versteckt sich in der Nacht
der Mond hat sich den Hof gemacht
ein Du verliebt sich in ein Ich
und alle Träume träumen sich.

Der arme Tropf

Es fiel ein kleiner Regentropf
auf einen heißen Stein.
Da wurde er ein winziger Fleck
und hörte auf zu sein.

Es fiel ein zweiter Regentropf
auch auf den heißen Stein.
Der schmolz so wie der erste weg
und hörte auf zu sein.

So ging es weiter. Tropf um Tropf
fiel auf den heißen Stein.
Sie landeten auf seinem Kopf
und hörten auf zu sein.

Die Wolke sah von oben zu.
Da platzte sie vor Wut,
und es versank der Stein im Nu
in ihrer Regenflut.

Du! Kleiner Regentropf! Gib Acht!
Komm lieber nicht allein.
Sonst frisst dich, eh' du's noch bedacht,
ein dicker heisser Stein.

Schattenbaum

Ein Schatten liegt auf einem Baum,
träumt einen wundersamen Traum:
Er könnte immer liegen bleiben,
die Sonne würd' ihn nie vertreiben.
Verwundert steht der Baum und spricht:
Du musst jetzt gehen, ich brauche Licht.
Der Schatten rührt sich nicht,
er bleibt in seinem Traum,
denn - er liebt den Baum.
Die Sonne hat es längst begriffen
und beide Augen zugekniffen,
zieht still an ihm vorbei,
als ob er gar nicht sei.
So liegt er noch und träumt,
als schon den Tag der Abend säumt.
Dann kommt die Nacht mit ihrer Ruh',
deckt beide, Baum und Schatten, zu.

Rosentau

Am Ende einer Nacht,
morgens um halb acht
- vielleicht nicht so genau -
da fiel ein Tropfen Tau
mitten auf ein Rosenblatt.
Er blieb dort einfach liegen
und ließ sich leise wiegen.
Das Blättchen war erschreckt;
der Tropfen hatte es geweckt.
Er sprach: Nur keine Bange,
ich bleibe gar nicht lange.
Schon mit dem ersten Sonnenstrahl
verschwinde ich total.

Oh nein, ich will dich nicht vertreiben,
von mir aus kannst du lange bleiben.
Du bist mir angenehm.
Mach's dir nur recht bequem!
Es ist sehr schön, wie ich dich fühl',
nur bist du leider etwas kühl.

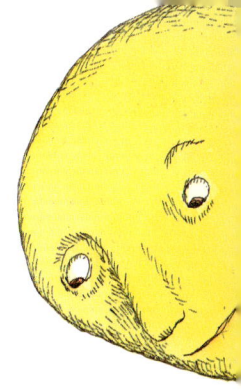

Ach, sprach der Tropf, das liebe ich,
denn Wärme ist nicht gut für mich.

Dann kam der erste Sonnenstrahl
und mit ihm tausend an der Zahl.

Was ist mit dir?, fragte das Blatt,
du wirst ja plötzlich müd' und matt!

Es ist jetzt meine Zeit zu gehen.
Du bleibst wohl noch ein Weilchen stehen?

Drauf wurde er ein kleiner Fleck;
und schließlich war er weg.

Das Blättchen ist voll Traurigkeit.
Es fühlt sich jetzt nicht mehr zu zweit.
Ach, warum ist er nicht geblieben?
Ich fing grad' an, ihn sehr zu lieben.

Frieden

Es fällt eine Sekunde
aus der Minute, aus der Stunde
unendlich weit
aus aller Zeit.
Die Stunde bebt vor Zorn und Groll:
Sie fühlt sich nicht mehr rund und voll.
Auch die Minute ist bestürzt,
und sieht sich mittendrin verkürzt.
Die Uhr bleibt auf der Stelle stehen:
Der Zeiger will nicht weitergehen.

Da hält die Welt den Atem an
und überall ist Glück
für einen Augenblick.
Denn in dieser Wunderstunde
fällt die verlorene Sekunde
aus unserer Erdenzeit
unendlich weit
bis in die Ewigkeit.
Und Frieden ist in aller Welt
solang sie fällt.

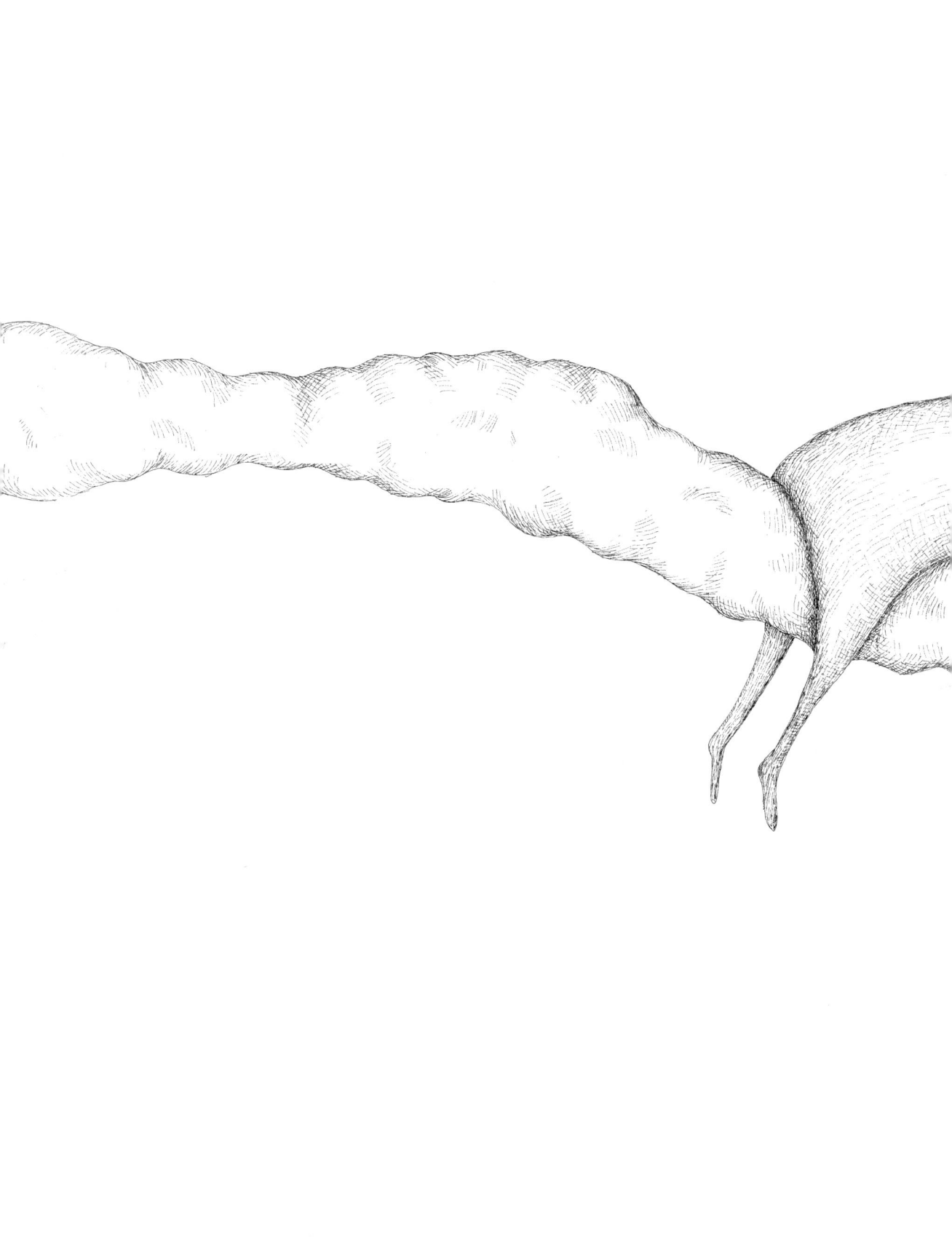

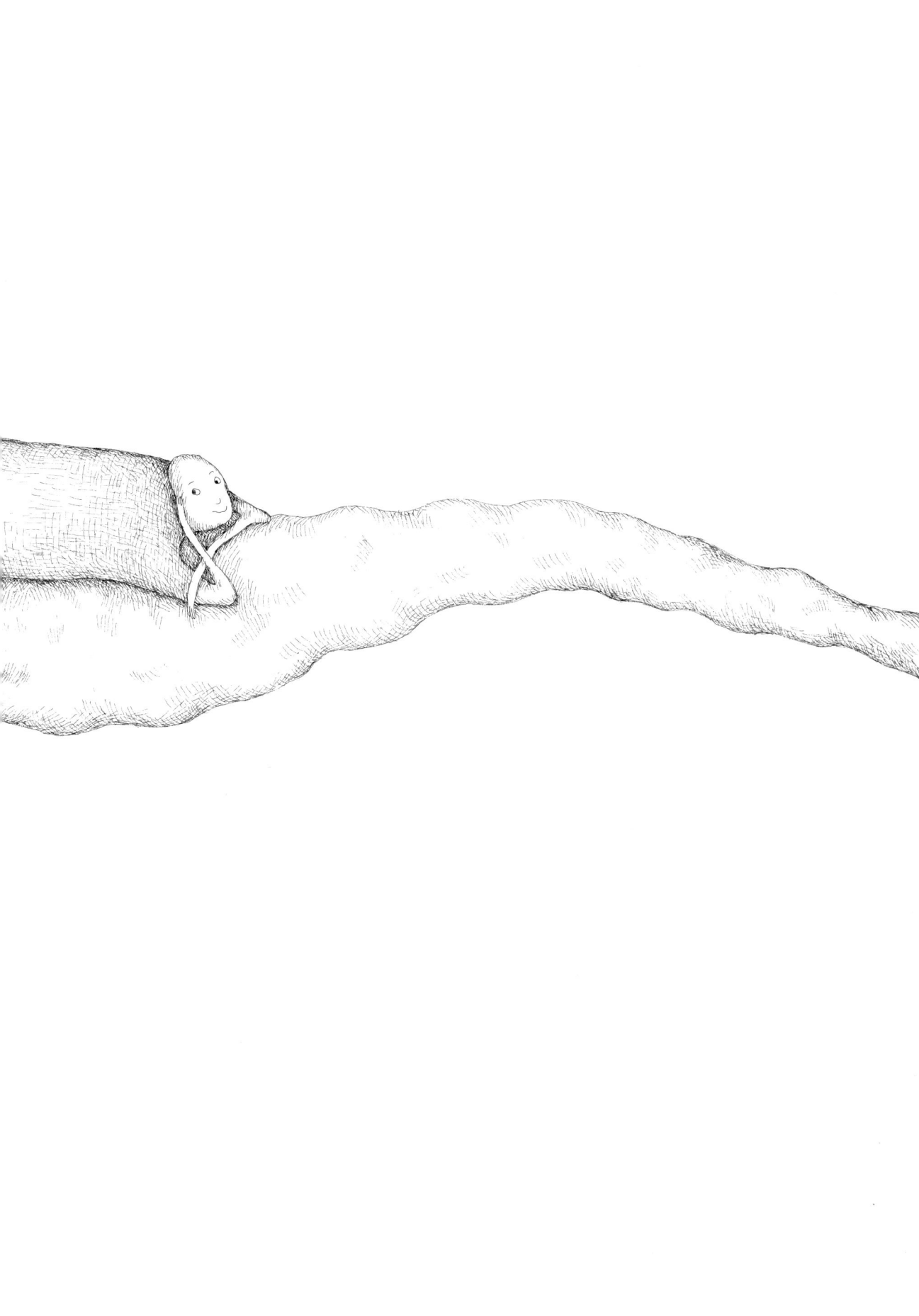

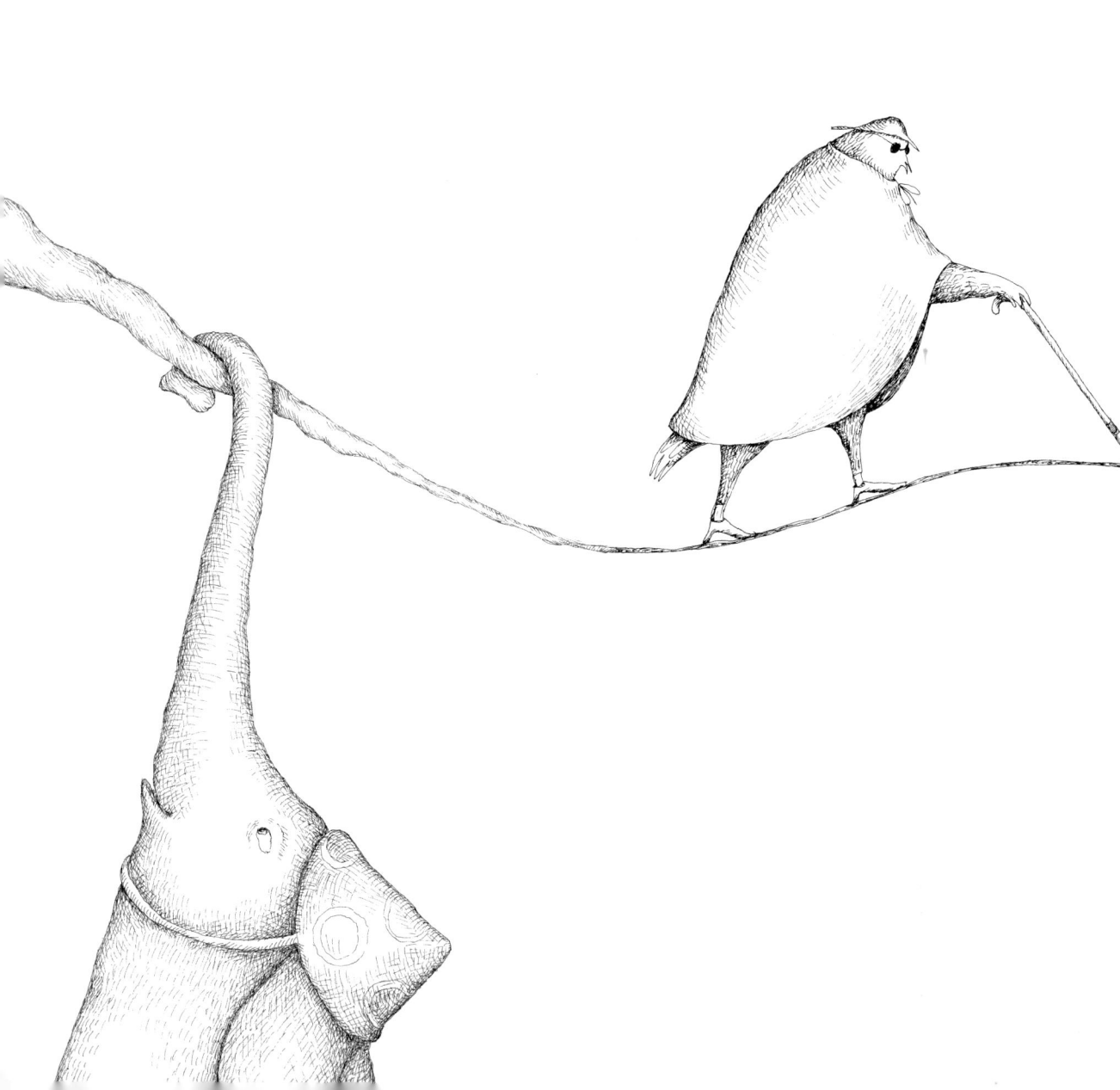

Margaret Klare, 1932 in Essen geboren, schrieb zahlreiche Kinderbücher, zuletzt *Liebe Tante Vesna – Marta schreibt aus Sarajevo, Hallo, hier ist Felix!* (Beltz & Gelberg). Für ihre Arbeit wurde sie unter anderem mit dem Peter-Härtling-Preis für Kinderliteratur, dem Jan-Prochazka-Preis für Jugendliteratur und der Kalbacher Klapperschlange ausgezeichnet.

Claudia Schmid, 1967 in Basel geboren, studierte an der Schule für Gestaltung in Zürich, bevor sie zeitgenössischen Tanz in Zürich und London studierte. Ihr Buch *Bootdog* erschien im Aporia Verlag. Sie lebte von 1993-96 in Indonesien, wo sie Javanische Tänze und die Gamelan-Musik studierte. Heute lebt Claudia Schmid in der Schweiz als Illustratorin und Lehrerin des Javanischen Tanzes.

Im Peter Hammer Verlag erschien von Margaret Klare und Claudia Schmid das Bilderbuch *Schabernack*.

© Margaret Klare (Text) / Claudia Schmid (Illustrationen)
© Peter Hammer Verlag GmbH, Wuppertal 2003
Alle Rechte ausdrücklich vorbehalten
Gestaltung: Claudia Schmid
Druck: PROOST N.V., Turnhout, Belgien
ISBN 3-87294-926-8
www.peter-hammer-verlag.de